GÜNTER BEER · PATRIK JAROS

EINTÖPFE

Richtig zubereiten und genießen – jeden Tag

GÜNTER BEER · PATRIK JAROS

EINTÖPFE

Richtig zubereiten und genießen – jeden Tag

Parragon

Bath · New York · Singapore · Hong Kong · Cologne · Delhi
Melbourne · Amsterdam · Johannesburg · Auckland · Shenzhen

LOVE FOOD is an imprint of Parragon Books Ltd

Idee: Patrik Jaros & Günter Beer

Der Visuelle Index ist ein beim Europäischen Markenamt unter der Nummer 000252796-001 eingetragenes Geschmacksmuster der Buenavista Studio s.l.

Rezepte und Foodstyling: Patrik Jaros | www.foodlook.com
Fotografie: Günter Beer | www.beerfoto.com
Text: Günter Beer, Gerhard von Richthofen, Patrik Jaros, Jörg Zipprick
Assistenz Fotografie: Sigurd Buchberger, Aranxa Alvarez
Assistenz Küche: Magnus Thelen, Johannes von Bemberg
Design by Estudio Merino | www.estudiomerino.com
Produziert von Buenavista Studio s.l. | www.buenavistastudio.com

Parragon Books Ltd
Queen Street House
4 Queen Street
Bath BA1 1HE, UK

Realisation: trans texas publishing, Köln

ISBN 978-1-4454-2941-0

Printed in China

Anmerkungen für den Leser:

Ein Teelöffel entspricht 5 ml, ein Esslöffel 15 ml. Soweit nicht anders angegeben, wird Vollmilch verwendet. Die Angaben für Kartoffeln, Gemüse und Eier beziehen sich auf mittlere Größen. Pfeffer ist immer frisch gemahlener Pfeffer.

Kinder, ältere Menschen, Schwangere, Kranke und Rekonvaleszenten sollten auf Gerichte mit rohen oder nur leicht gegarten Eiern, rohen Fisch und Meeresfrüchte sowie Erdnüsse oder Erdnussprodukte verzichten. Allergiker bitten wir zu beachten, dass einige Fertigprodukte, die in den Rezepten verwendet werden, allergene Bestandteile enthalten können und daher immer sorgfältig die Inhaltsangaben der Produkte überprüft werden müssen.

Bewahren Sie Lebensmittelreste immer im Kühlschrank auf und prüfen Sie sie vor ihrer Verwendung gewissenhaft auf ihre Verwertbarkeit. Verdorbene Lebensmittel dürfen auf keinen Fall verzehrt werden. Alle Rezepte in diesem Buch wurden mit größtmöglicher Sorgfalt überprüft, nachgekocht und verkostet.

Bildnachweis: Alle Fotos von Günter Beer, Barcelona

Inhalt

Einleitung

Wenn Sie keine Lust haben, für eine Mahlzeit Ihren ganzen Küchenschrank leer zu räumen, um den Nahkampf mit mehreren Töpfen und Pfannen aufzunehmen, dann ist dieses Buch genau das Richtige für Sie. Die hier vorgestellten köstlichen Gerichte werden zwar in Topf, Kasserolle, Wok, Auflaufform oder Pfanne zubereitet, doch der Clou bei der Sache ist: Es wird wirklich immer nur ein Gefäß verwendet! Vorbei das wilde Herumhantieren mit Töpfen und Deckeln und die generalstabsmäßige Logistik der Herdplatten-Belegung – vom anschließenden Abwaschmarathon ganz zu schweigen.
Doch das Kochen mit nur einem Topf hat weitere Vorteile: Es ist einfach und spart sowohl Energie wie auch Zeit, denn entweder gehen die Gerichte schnell (beispielsweise im Wok) oder sie köcheln langsam vor sich hin beziehungsweise schmoren im Ofen, sodass Sie sich in der Zwischenzeit anderen Dingen widmen können.
Nicht zu verkennen ist auch die geschmackliche Komponente: Alle Zutaten garen zusammen im eigenen Saft, wodurch sich ein einzigartiges, intensives Aroma entwickelt.
Alles in einem Pott? Das geht doch nur bei Suppe oder Eintopf, werden Sie vielleicht denken ... und bald staunen, wie vielfältig die Gerichte sind, die sich in nur einem Topf oder einer Pfanne kochen lassen. Die Rezeptauswahl in diesem Buch umfasst Vegetarisches sowie Gerichte mit Fisch, Fleisch und Meeresfrüchten. Es werden natürlich Suppen und Eintöpfe, aber auch Currys, Ragouts, Reis- und Nudelgerichte zubereitet, darunter vieles aus der internationalen Küche und echte Klassiker, mal herzhaft-pikant, mal exotisch-würzig.
Das Spektrum der kulinarisch besuchten Länder reicht von Ungarn (Gulasch), Spanien (Paella), Italien (Risotto), Irland (Irish Stew) und USA (Kürbissuppe) bis nach Indien (Biryani) und Vietnam (Rindergeschnetzeltes mit Ingwer). Es gibt Deftiges wie den Tomaten-Bohnen-Eintopf mit scharfen Lammwürstchen oder das saure Linsengemüse, doch auch die feine Küche für den besonderen Anlass ist in Form von gefüllten Tauben im Speckmantel, Hummer-Bisque oder Entenbrust auf Orangen-Pfeffer-Sauce vertreten.

Töpfe und Pfannen

Töpfe, Pfannen und Auflaufformen sind in jedem Haushalt vorhanden. Die Anschaffung eines Schmortopfs, eines Bräters und eines Woks sind darüber hinaus sinnvoll. Wichtig ist die Qualität des Kochgeschirrs. Hochwertige Töpfe und Pfannen haben einen dicken Boden, der die Hitze gut weiterleitet und an dem nichts festbrennt. Achten Sie darauf, die passende Topfgröße auszuwählen. Ist der Topf zu klein, gart der Inhalt ungleichmäßig und lässt sich zudem schwer umrühren. In einem zu großen Topf verdampft die Flüssigkeit zu schnell, und das Essen brennt leichter an. Die häufigsten verwendeten Kochtöpfe und -pfannen sind folgende:
Auflauf- und Gratinformen: Die hitzebeständigen Formen aus unterschiedlichen Materialien sind ideal für die Zubereitung von Aufläufen und anderen überbackenen Gerichten im Backofen. Manche Auflaufformen kann man auch auf der Herdplatte nutzen.
Bräter: Ein großer Topf mit schwerem Deckel zum Garen von Fleisch. Ein Bräter ist ideal für die Zubereitung größerer Fleischstücke oder von Geflügel, das im Ganzen gegart wird. Meistens sind sie ausreichend groß, um noch Gemüse im Topf mitzukochen, das dann im Bratensud ein wunderbares Aroma erhält.
Kasserolle: Eine Kasserolle mit Deckel ist ideal zum Zubereiten von Schmorgerichten, die entweder lange auf dem Herd oder im Ofen garen müssen. Es gibt Kasserollen mit zwei Henkeln und solche mit Stiel (Stielkasserolle). Bei geschlossenem Deckel können sich die Aromen in dem Topf optimal entfalten.
Paellapfanne: Eine große, flache Pfanne, in der der Klassiker aus Spanien optimal zubereitet werden kann. Man kann stattdessen aber auch eine gewöhnliche große Pfanne mit hohem Rand benutzen.

Wok: Ein konisches Gargefäß, bei dem der Boden fließend in den Pfannenrand übergeht. In der Mitte ist der Wok am heißesten, das Gargut wird je nach Bedarf dorthin oder an die Seiten geschoben. Meist werden Woks zum Kurzbraten von Gemüse und Fleisch verwendet. Es gibt sie mit zwei Griffen oder einem Stiel (Pfannenwok). Für einen Elektroherd benötigen Sie einen Wok mit abgeflachtem Boden.

Weiteres Kochgerät

Kochlöffel: Mit einem hölzernen Kochlöffel können Sie das Gargut bequem umrühren und zugleich den Boden Ihres Topfes oder Ihrer Pfanne schonen. Denn Holz verkratzt den Boden nicht, das ist vor allem bei beschichteten Pfannen wichtig.
Pfannenwender: Ein Pfannenwender ist besonders beim Pfannenrühren nützlich. So können die Zutaten im Wok schnell und zügig angebraten werden.
Fleischgabel: Mit einer großen Fleischgabel können Sie größere Stücke Fleisch gut wenden und bei Bedarf bequem aus dem Topf nehmen.
Schaumlöffel: Mit einem Schaumlöffel können Sie ganz unkompliziert den Schaum von der Oberfläche eines Eintopfes abschöpfen.

Zutaten

Es gibt fast nichts, was nicht verwendet werden kann bei dieser Art des Kochens. Doch man sollte einige Regeln befolgen: Wenn das Gericht mit Fleisch und Geflügel zubereitet wird, sollten zunächst diese kurz angebraten werden, bevor weitere Zutaten zugefügt werden. Das Fleisch gart dann schneller und es entsteht ein wunderbar aromatischer Bratenfond. Wichtig ist, die unterschiedlichen Garzeiten der Lebensmittel zu berücksichtigen. Festere Zutaten, die langsam garen, sollten zuerst und weichere erst zum Schluss zugegeben werden.
Grünes Blattgemüse sollte immer nur kurz mitkochen, sodass es bissfest bleibt. Dann behält es seine leuchtende Farbe, und sein Aroma dominiert nicht die Aromen der restlichen Zutaten.
Selbst gemachte Brühen schmecken natürlich am allerbesten. Doch wenn es schnell gehen soll oder Sie den zugegebenermaßen großen Aufwand scheuen, können Sie auch Fertigprodukte verwenden. Achten Sie jedoch darauf, dass die Brühen nicht zu salzig sind. Heute gibt es zahlreiche hochwertige Fertigprodukte zu kaufen.

Wie dieses Kochbuch funktioniert

Die in den Rezepten verwendeten Mengen reichen, sofern nicht anders angegeben, für 4 Personen.

250 g Hähnchenkeule
1 Bund Koriander
100 g grüne Paprika
100 g rote Paprika
80 g Porree
4 Knoblauchzehen
400 g Langkornreis
5 EL Pflanzenöl
1 EL Zucker
4 EL Sojasauce
2 EL brauner Reisessig
100 g gekochte Garnelen
2 Eier

Gebratener asiatischer Gemüsereis

1. Das Hähnchenfleisch mit einem Messer vom Knochen lösen und mitsamt der Haut in Streifen hacken. Den Koriander waschen und grob schneiden. Die Paprika entkernen, waschen und vierteln. Den Porree der Länge nach in dünne Streifen schneiden. Den Knoblauch schälen und in feine Scheiben schneiden. Den Langkornreis kochen. Das Öl in einem beschichteten Wok erhitzen, die Hähnchenstreifen hinzugeben und anbraten. Sobald sie eine schöne braune Farbe angenommen haben, aus dem Wok nehmen, doch das Öl im Wok lassen.

2. Den Knoblauch in den Wok geben, goldgelb anbraten, die Paprika hinzufügen, alles vermischen und 2 bis 3 Minuten anschwitzen lassen.

3. Porree und Hähnchenfleisch hinzufügen, mit Zucker, Sojasauce und 1 Esslöffel Reisessig würzen und gut mischen. Das Ganze unter ständigem Rühren 1 Minute anbraten.

4. Reis und Garnelen zugeben und 3 Minuten im Wok braten.

5. Die Eier in eine Schüssel aufschlagen und mit einer Gabel verrühren. Den Reis in der Pfanne an den Rand schieben. Die Eier in die Wokmitte geben und stocken lassen, dabei aber vorsichtig umrühren.

6. Den Koriander hinzufügen und vermengen. Den restlichen Reisessig über den Reis träufeln, auf Tellern anrichten und nochmals mit Koriander garnieren.

■ **Statt Langkornreis kann man auch Basmatireis verwenden. Als Gemüse eignen sich ferner frische Bohnensprossen, kleine Brokkoliröschen, Zuckererbsen, Mini-Maiskolben, Pak Choi und Chinakohl.**

45

30 | Fisch & Meeresfrüchte

31

Schwierigkeitsgrad: Die Sterne bezeichnen den Schwierigkeitsgrad: Ein Stern steht für leicht, zwei Sterne für mittelschwer, drei Sterne für schwer.

Zubereitungszeit: Die Zahl unten links auf der Seite gibt die ungefähre Zubereitungszeit in Minuten an.

Tipps: Ergänzungen und Abwandlungen des Rezeptes, Tipps zur Verwendung oder Kombinationsmöglichkeiten stehen hier.

- 60 ml Olivenöl
- 2 EL Zucker
- 70 g Stangensellerie
- 140 g Karotten
- 150 g Zwiebeln
- 2 Knoblauchzehen
- 4 Nelken
- 1 Zitrone
- ½ TL weiße Pfefferkörner
- 1 Zweig Rosmarin
- 1 Zweig Thymian
- 1 Lorbeerblatt
- 1 EL Tomatenmark
- 1,2 kg Tomaten
- 1 TL Salz
- 750 ml Geflügelfond

Tomatensuppe mit Basilikumcroûtons

1. Das Olivenöl in eine große Stielkasserolle gießen. Den Zucker zugeben und leicht karamellisieren, danach das in kleine Würfel geschnittene Gemüse zugeben und 5 Minuten leicht anbraten. Den Knoblauch schälen, halbieren und zusammen mit Nelken, 2 mit einem Sparschäler abgeschälten Zitronenschalenstreifen, zerdrückten Pfefferkörnern sowie Rosmarin, Thymian und Lorbeerblatt weitere 5 Minuten anschwitzen.

2. Jetzt das Tomatenmark zugeben und 1 Minute anrösten. Danach die gewaschenen und geviertelten Tomaten hinzufügen und mit Salz würzen.

3. Nun den Geflügelfond eingießen und einmal aufkochen lassen. Dann die Hitze auf mittlere Stufe reduzieren und 20 Minuten köcheln lassen.

4. Die Reste der Kräuterzweige herausnehmen und den Inhalt der Kasserolle mit dem Stabmixer glatt pürieren.

5. Mit einer Kelle durch ein feines Sieb gießen und mit der Unterseite der Kelle fest durchdrücken, bis der Rückstand fast trocken ist. Das verleiht der Suppe Bindung und vor allem Geschmack. Die Suppe in einen vorgewärmten Teller geben und mit Basilikumcroûtons anrichten.

60

■ **Für die Basilikumcroûtons 20 g Butter in einer beschichteten Pfanne zerlassen und 50 g in kleine Würfel geschnittene Weißbrotscheiben darin unter ständigem Rühren langsam goldbraun rösten. Vier in Streifen geschnittene Basilikumblätter zugeben, alles leicht salzen und vermischen. Sofort in eine Schüssel geben und beiseitestellen, damit die Würfel nicht nachbräunen!**

2

3

4

5

- 1,6 kg Speisekürbis
- ½ Bund Dill
- 15 g Ingwer
- 1 Knoblauchzehe
- 80 g Karotten
- 150 g rote Paprika
- 30 g Stangensellerie
- 80 g Zwiebeln
- 40 g Butter
- ½ TL Salz
- 1 Prise Muskatnuss, gerieben
- 3 Nelken
- 1 Lorbeerblatt
- 1 TL Tomatenketchup
- ½ TL Curry
- 1½ TL Paprikapulver, edelsüß
- 1 l Geflügelfond
- 200 g Sahne
- 100 g Crème fraîche

Kürbisrahmsuppe mit Käsecroûtons

1. Den Deckel (am besten von einem Muskatkürbis oder Hokkaido-Kürbis) ca. 3 cm breit abschneiden. Die Kerne mit einem Suppenlöffel herauskratzen. Den Dill waschen und zupfen.

2. Mit einem Kugelausstecher das Fruchtfleisch im Kürbis und im Deckel ausstechen, ohne die Schale zu beschädigen. 1 cm Wandstärke stehen lassen. Das ergibt rund 1 kg Fruchtfleisch.

3. Ingwer und Knoblauch schälen und in feine Scheiben schneiden. Das Gemüse waschen, schälen und zusammen mit den Zwiebeln in 1-cm-Würfel schneiden. In einem Suppentopf die Butter schmelzen und den Knoblauch zusammen mit den Zwiebeln glasig schwitzen. Dann das Gemüse und den Ingwer zugeben und weitere 5 Minuten anschwitzen.

4. Das Kürbisfleisch hinzufügen. Salzen und mit Muskatnuss würzen, außerdem Nelken und Lorbeerblatt zufügen. Etwa 10 Minuten bei mittlerer Hitze anschwitzen, bis der Kürbis anfängt, leicht auseinanderzufallen.

5. In der Mitte des Topfes Ketchup, Currypulver und Paprikapulver 1 Minute leicht rösten, danach erst untermischen. Das intensiviert den Geschmack.

6. Mit dem Geflügelfond aufgießen, aufkochen und 15 Minuten bei mittlerer Hitze leise köcheln lassen. Sahne und Crème fraîche zugeben und nochmals aufkochen.

60

■ Käsecroûtons: Ein halbes Baguette in ½ cm dicke Scheiben schneiden, mit 60 g geriebenem altem Gouda bestreuen und bei 200 °C Oberhitze 5 Minuten im Ofen überbacken.

7. Dann mit dem Stabmixer 1 Minute fein pürieren und durch ein feines Sieb gießen. Die Rückstände mit der Unterseite einer Kelle im Sieb ausdrücken, bis diese trocken sind.

Die Suppe in den ausgehöhlten Kürbis geben, mit fein geschnittenem Dill bestreuen und zusammen mit den Käsecroûtons (siehe Tipp) servieren.

- 500 g Kichererbsen
- 220 g Zwiebeln
- 200 g Auberginen
- 3 Knoblauchzehen
- 200 g Tomaten
- 5 EL Sonnenblumenöl
- 1 EL Anissamen
- 6 Kardamomkapseln
- 8 Nelken
- 1 Zimtstange
- 1 Prise Salz,
  1 Prise schwarzer Pfeffer
- 1 TL Korianderkörner, gemahlen
- 1 TL Kurkuma
- 1 l Wasser oder Gemüsebrühe
- 200 ml Rahmjoghurt
- 1 Messerspitze Zimt, gemahlen
- einige Spritzer Zitronensaft
- 2 Zweige Minze

Kichererbsen-Curry mit Zimtjoghurt und Minze

1. Die Kichererbsen mindestens 2 Stunden in kaltem Wasser einweichen. Die Zwiebeln halbieren und in Streifen schneiden. Die Aubergine in 2 cm große Würfel schneiden. Den Knoblauch schälen und gleichfalls in Streifen schneiden. Die abgezogenen Tomaten vierteln. Das Öl in einem Topf bei mittlerer Temperatur erhitzen, den Knoblauch hinzugeben und hellbraun anschwitzen. Anissamen, Kardamomkapseln, Nelken und Zimtstange hinzufügen und für ein intensiveres Aroma mit anrösten.

2. Die Zwiebeln hinzugeben, glasig dünsten und auf eine Seite des Topfes schieben. Die Auberginenwürfel auf die freie Stelle geben. Alles salzen und pfeffern und 5 Minuten anbraten.

3. Mit gemahlenem Koriander und Kurkuma bestäuben und 5 Minuten anschwitzen, bis Zwiebeln und Auberginen leicht verkocht sind. Die eingeweichten Kichererbsen zum Abtropfen in ein Sieb gießen.

4. Die Kichererbsen hinzugeben und kurz mit anschwitzen. Danach die geviertelten Tomaten zugeben und mit Wasser oder Gemüsebrühe aufgießen.

5. Die Kichererbsen müssen immer mit Flüssigkeit bedeckt sein und 70 Minuten bei mittlerer Temperatur im Topf mit Deckel köcheln. Zum Schluss den Joghurt mit Zimt, Zitronensaft und in Streifen geschnittener Minze vermischen und über die angerichteten Kichererbsen geben.

+ 2 Stunden Einweichzeit

*** 100

■ **Die Kichererbsen möglichst am Vortag, also über Nacht, in Wasser einweichen. Dann werden sie beim Kochen schneller weich. Das Gericht kann auch zu gebratenem Fleisch gereicht werden.**

2

3

4

5

1 Karotte

2 Selleriestangen

1 Porreestange

1 Zwiebel

2 EL Öl

1 EL Butter

1 EL Tomatenmark

250 g Berglinsen

150 ml Weißwein

½ l Brühe

1 Prise Salz,
1 Prise schwarzer Pfeffer

½ TL getrockneter Majoran

2 EL Essig

2 TL Dijonsenf

2 Stängel Petersilie,
zum Garnieren

Saures Linsengemüse

1. Karotte, Stangensellerie und Porree putzen, waschen und in feine Würfel schneiden. Die Zwiebel schälen und ebenfalls würfeln.

2. Das Gemüse in heißem Öl und Butter anschwitzen, dann das Tomatenmark zugeben und unterrühren.

3. Die gewaschenen Linsen zum Gemüse geben und mitschwitzen.

4. Das Linsengemüse mit Weißwein ablöschen und aufkochen lassen, die Brühe zugießen und 20 Minuten köcheln.

5. Zum Schluss mit Salz und Pfeffer abschmecken. Den Majoran unterrühren. Mit Essig und Senf würzen.

Mit Petersilie und einigen Sellerieblättern bestreut servieren.

40

■ **Dieses Gericht ist eine hervorragende Beilage zu gebratenem Fisch. Sie können es auch einfach nur mit einigen krossen Speckstreifen servieren. Die Linsen können noch zusätzlich mit feingehackten Sardellenfilets, Kapern, Essiggürkchen und noch etwas geschlagener Sahne verfeinert werden.**

2

3

4

5

- ½ TL Kümmel
- 4½ EL Öl
- 500 g Seitan
- 1 Knoblauchzehe
- 1 TL Majoran
- 1 Prise Salz,
  1 Prise schwarzer Pfeffer
- 3 Zwiebeln
- 500 g mehlige Kartoffeln
- 2 EL edelsüßes Paprikapulver
- 1 l Gemüsebrühe
- 1 TL Schnittlauchröllchen

Vegetarisches Gulasch mit Kartoffeln und Paprika

1. Den Kümmel mit etwas Öl mit einem Messer fein hacken. Durch das Öl springt der Kümmel beim Hacken nicht vom Brett.

2. Den Seitan in Würfel schneiden und mit gehacktem Knoblauch, Kümmel, Majoran, Pfeffer und Salz 10 Minuten marinieren.

3. Die Zwiebeln schälen, in Streifen schneiden, in 4 EL Öl anschwitzen und die geschälten, gewürfelten Kartoffeln dazugeben.

4. Das Paprikapulver darüberstäuben und gut verrühren.

5. Die marinierten Seitanwürfel zu den Kartoffeln geben und vermischen.

6. Die Brühe angießen und alles etwa 30 Minuten köcheln lassen.

Zum Servieren auf Tellern anrichten und mit Schnittlauch bestreuen.

***50**

■ **Es ist sehr schmackhaft, unter das Gulasch noch weiteres Gemüse wie rote und gelbe Paprika, Zucchini und Tomatenstücke zu mischen. So schmeckt es fruchtiger und frischer. In diesem Fall ist das Seitan ein geschmackvoller Ersatz für Rind- oder Schweinefleisch. Wer das Gulasch pikanter mag, ersetzt die Hälfte des Paprikapulvers durch scharfes Paprikapulver.**

2

3

4

5

6

- 30 g Bauchspeck in Scheiben
- 250 g Tomaten
- 1 Knoblauchzehe
- 1 Schalotte
- 6 kleine Artischocken
- 80 g Butter
- 4 EL Olivenöl
- 1 Prise Zucker
- 1 Prise Salz,
  1 Prise schwarzer Pfeffer
- 250 g Risotto-Reis
- 750 ml Hühnerbrühe
- 2 Zweige Rosmarin
- 90 g Parmesan
- 1 Zweig glatte Petersilie

Tomaten-Artischocken-Risotto

1. Den Speck in 1 cm breite Streifen schneiden. Die Tomaten schälen und in 1 cm große Würfel schneiden. Den Knoblauch schälen und fein hacken. Die Schalotte schälen und in feine Würfel schneiden. Artischocken waschen und putzen.

2. 20 g Butter und 2 EL Olivenöl in einer Schwenkkasserolle aufschäumen lassen, Schalotte und Knoblauch hinzugeben und etwa 1 Minute glasig anschwitzen. Tomatenwürfel hinzugeben, zuckern, salzen, pfeffern und etwa 2 Minuten langsam dünsten.

3. Den Risotto-Reis hinzugeben, mit einem Holzlöffel umrühren und mit der heißen Brühe aufgießen, bis der Reis knapp bedeckt ist. Das Risotto sollte nun nur noch geschwenkt und nicht mehr gerührt werden. Das Risotto etwa 15 bis 18 Minuten köcheln und dabei immer wieder heiße Brühe nachgießen.

4. In der Zwischenzeit die Artischocken sechsteln. Das restliche Olivenöl in einer beschichteten Pfanne erhitzen, Artischocken und Rosmarin hinzugeben, salzen, pfeffern und etwa 5 Minuten langsam braten. Hin und wieder schwenken. Den Speck hinzugeben und so lange braten, bis er schön kross ist. Danach die Rosmarinzweige entfernen und die Artischocken mit den Kräutern in das Risotto geben. Zum Schluss den geriebenen Parmesan und die restliche Butter hineinschwenken. Parmesankäse und kalte Butter hinzugeben und unterschwenken. Danach auf Tellern anrichten und mit etwas Petersilie garnieren.

60

■ Pilz-Risotto: 250 g Champignons putzen und je nach Größe vierteln oder sechsteln. 2 EL Pflanzenöl in einer beschichteten Pfanne erhitzen, die Champignons dazugeben und in 5 Minuten hellbraun anbraten. Salzen und pfeffern. ½ Knoblauchzehe schälen und fein hacken. ½ Bund Petersilie waschen, die Blätter abzupfen und hacken. Zusammen mit dem Knoblauch zu den Pilzen geben. Mit dem Saft von ½ Zitrone beträufeln, durchschwenken und unter das Risotto schwenken.

3

4

- 2 rote Paprika
- 1 grüne Paprika
- 3 junge Zwiebeln
- 500 g Kartoffeln
- 2 Knoblauchzehen
- Schale von 1 Zitrone
- ½ TL Kümmel
- 3 EL Pflanzenöl
- 2 TL edelsüßes Paprikapulver
- 1 Prise Salz, 1 Prise schwarzer Pfeffer
- 1,2 l Gemüsebrühe

Gemüsegulasch

1. Die roten und grünen Paprika halbieren, entkernen und putzen. Danach in etwa 2 cm große Stücke schneiden. Die jungen Zwiebeln schälen, halbieren und grob würfeln. Die Kartoffeln schälen, in 2 cm große Stücke schneiden und in kaltem Wasser bedeckt aufbewahren, damit sie nicht braun werden. Die Knoblauchzehen schälen und zusammen mit der Zitronenschale fein hacken. Den Kümmel mit etwas Öl beträufeln und hacken.

2. Das Öl in einer Stielkasserolle erhitzen und die Zwiebeln darin anschwitzen. Danach die Kartoffelstücke in ein Sieb gießen und gut abtropfen lassen. Zu den Zwiebeln geben und 5 Minuten langsam anschwitzen.

3. Knoblauch, Zitronenschale, Kümmel und Paprikapulver über Kartoffeln und Zwiebeln geben und leicht anschwitzen.

4. Nun die roten und grünen Paprikawürfel zugeben, salzen, pfeffern und einige Minuten bei mittlerer Hitze dünsten.

5. Mit der Gemüsebrühe aufgießen und etwa 25 Minuten langsam köcheln lassen, dabei gelegentlich umrühren. Zum Servieren in tiefen Tellern anrichten und Graubrot dazureichen.

55

■ **Anstelle von grünen und roten Paprika können auch Zucchini und ganze Cocktailtomaten verwendet werden.**

2

3

4

5

250 g Brokkoli

1 grüne Paprika

1 Knoblauchzehe

250 g Reisnudeln

2 große grüne Chillies

5 EL Pflanzenöl

2 EL Fischsauce

2 EL Sojasauce

1 EL Zucker

2 Eier

1 EL Sesamsaat

1

2

Reisnudeln mit Brokkoli und grünen Chillies

1. Den Brokkoli waschen und die Röschen mit einem kleinen Messer ablösen. Die grüne Paprika waschen, entkernen und in dünne, 5 cm lange Streifen schneiden. Den Knoblauch schälen und fein würfeln.

2. Die Reisnudeln kochen, unter kaltem Wasser abschrecken und abtropfen lassen. Die Chillies in feine Ringe schneiden.

3. Einen großen Wok erhitzen. 3 EL Pflanzenöl zugeben und die rohen Brokkoliröschen darin etwa 5 Minuten lang braten. Dabei umrühren und mit der Fischsauce ablöschen. Danach herausnehmen und kurz beiseitestellen.

4. Das restliche Pflanzenöl in den Wok geben und zuerst den Knoblauch, dann die Reisnudeln und schließlich die grünen Paprikastreifen darin anbraten. Mit Sojasauce ablöschen und mit Zucker bestreuen.

5. Die gebratenen Brokkoliröschen wieder zugeben und alles vermischen. Die Eier in eine Schale aufschlagen und verquirlen. Am Rand in den Wok laufen lassen und einrühren. Zum Schluss die Chiliringe untermischen. In Schalen anrichten und vor dem Servieren mit Sesam bestreuen.

***40

■ Zu diesem Gericht passen auch frische Kräuter, wie Schnittknoblauch, Thai-Basilikum und Koriandergrün, oder frische Bohnensprossen. Diese einfach über das fertige Gericht streuen und servieren.

3

4

5

- 100 g Zwiebeln
- 3 Schalotten
- 80 g Karotten
- 80 g Stangensellerie
- 3 Knoblauchzehen
- 10 schwarze Pfefferkörner
- 1,5 kg gekochter Hummer
- 3 EL Olivenöl
- 50 g Butter
- 2 Zweige Thymian
- 1 Zweig Rosmarin
- 2 Lorbeerblätter
- 4 geschälte Tomaten aus der Dose
- 15 g Rundkornreis
- 50 ml trockener Wermut, 50 ml Cognac
- 150 ml Weißwein
- 1 l Krustentierfond
- 400 ml Sahne
- 2 Basilikumblätter
- 1 Prise Salz
- 1 Prise Cayennepfeffer

Hummer-Bisque

1. Zwiebeln, Schalotten, Karotten und Sellerie in ½ cm große Würfel schneiden. Den Knoblauch in der Schale andrücken. Die Pfefferkörner mit einem Messer zerdrücken. Den Hummer auslösen und das Fleisch aufbewahren. Das Olivenöl in einem breiten Topf erhitzen, die Hummerkarkassen (Schalen) hinzugeben und etwa 5 Minuten anrösten. Danach die Butter beigeben und die Karkassen weiter rösten, um ihren Geschmack zu lösen.

2. Dann das geschnittene Gemüse, den Knoblauch, die Pfefferkörner und die grob geschnittenen Kräuter hinzugeben und glasig anschwitzen. Dabei immer wieder den Röstsatz am Topfboden mit einem Schieber lösen, damit er nicht anbrennt und die Suppe bitter werden lässt.

3. Die geschälten Tomaten hinzugeben, zerdrücken und ebenfalls anrösten. Den Reis zufügen, mit Wermut und Cognac ablöschen, den Weißwein zugießen und weitere 5 Minuten kochen lassen, damit der Alkohol verkocht.

4. Nun mit Krustentierfond aufgießen und 20 Minuten langsam köcheln lassen.

5. Mit Sahne aufgießen, die Basilikumblätter hinzufügen und 10 Minuten langsam köcheln lassen. Die Suppe mit einem Stabmixer vorsichtig auf kleinster Stufe verrühren – dies verhilft der Suppe zu einem intensiveren Geschmack. Anschließend mit einer Kelle durch ein feines Sieb in einen anderen Topf gießen und die Karkassen gut ausdrücken. Noch

*** 70

■ Diese Suppe verdankt ihren Namen den salzigen, geriebenen Biskuits, mit denen sie früher gebunden wurde. Die Hummer-Bisque schmeckt noch besser, wenn man sie mit den Karkassen vom rohen Hummer ansetzt.

einmal aufkochen und mit Salz und Cayennepfeffer abschmecken.

Die Suppe in tiefen Tellern servieren und die ausgelösten Hummerstücke darin platzieren.

 3 Schalotten

 60 g Stangensellerie

 1 Porreestange

 1 Knoblauchzehe

 30 g Butter

 2 Lorbeerblätter

 1 Zweig Thymian

 1 Prise Salz,
1 Prise schwarzer Pfeffer

 2 kg Miesmuscheln
(500 g pro Person)

 150 ml Weißwein

 ½ Bund Petersilie

Miesmuscheln in Weißwein gekocht

1. Die Schalotten schälen und in feine Streifen schneiden. Sellerie und Porree in feine Ringe schneiden. Die Knoblauchzehe in der Schale andrücken. Die Butter in einem Topf zum Schmelzen bringen. Zuerst Knoblauch und Schalotten hinzugeben, dann Lorbeerblätter, Thymian, Stangensellerie und Porree. Alles kurz anschwitzen. Mit Salz und Pfeffer würzen.

2. Die gewaschenen und geputzten Muscheln hinzugeben, mit dem Gemüse vermischen, mit dem Weißwein ablöschen und bei geschlossenem Deckel 3 bis 5 Minuten köcheln lassen, bis sich die Muscheln öffnen. Die Petersilie waschen, zupfen und die Blätter fein hacken.

Über die Muscheln streuen, alles durchschwenken und servieren.

30

■ **Mit einer leeren Muschel als Zange können die Muscheln ohne Besteck verzehrt werden.**

2

 750 g frische Erbsenschoten

 2 rote Paprika

 2 grüne Paprika

 5 EL natives Olivenöl extra

 400 g Rundkornreis

 200 ml Weißwein

 1 Prise Salz,
1 Prise Pfeffer

 1 Msp. Safran

 2 kg Fisch und Meeresfrüchte

 2 l Geflügelbrühe

1

2

Spanische Paella

1. Die Erbsenschoten durch Fingerdruck in der Mitte der Schote öffnen und die Erbsen herausstreifen.

2. Die Paprika halbieren, entkernen und in Würfel schneiden. Das Öl in einer Pfanne erhitzen und die gewürfelten Paprika anschwitzen. Den Reis zugeben und mitschwitzen. Mit Weißwein ablöschen und mit Salz und Pfeffer würzen. Mit Safranpulver bestäuben.

3. Die gesäuberten, gewaschenen Fischstücke und Meeresfrüchte auf dem Reis verteilen.

4. Die Brühe angießen, die Erbsen zufügen und die Paella etwa 20 Minuten garen. In der Paellapfanne auf dem Tisch anrichten.

Diese Paella ist ausreichend für 6 bis 8 Personen.

45

■ **Hier am besten spanischen Rundkornreis verwenden. Der italienische Rundkornreis könnte das Gericht übermäßig binden und zu fest werden lassen. Als Einlage in der Paella können noch andere Meerestiere, Krustentiere und auch Hühnchen- oder Kaninchenfleisch verwendet werden.**

3

4

- 250 g Hähnchenkeule
- 1 Bund Koriander
- 100 g grüne Paprika
- 100 g rote Paprika
- 80 g Porree
- 4 Knoblauchzehen
- 400 g Langkornreis
- 5 EL Pflanzenöl
- 1 EL Zucker
- 4 EL Sojasauce
- 2 EL brauner Reisessig
- 100 g gekochte Garnelen
- 2 Eier

Gebratener asiatischer Gemüsereis

1. Das Hähnchenfleisch mit einem Messer vom Knochen lösen und mitsamt der Haut in Streifen hacken. Den Koriander waschen und grob schneiden. Die Paprika entkernen, waschen und vierteln. Den Porree der Länge nach in dünne Streifen schneiden. Den Knoblauch schälen und in feine Scheiben schneiden. Den Langkornreis kochen. Das Öl in einem beschichteten Wok erhitzen, die Hähnchenstreifen hinzugeben und anbraten. Sobald sie eine schöne braune Farbe angenommen haben, aus dem Wok nehmen, doch das Öl im Wok lassen.

2. Den Knoblauch in den Wok geben, goldgelb anbraten, die Paprika hinzufügen, alles vermischen und 2 bis 3 Minuten anschwitzen lassen.

3. Porree und Hähnchenfleisch hinzufügen, mit Zucker, Sojasauce und 1 Esslöffel Reisessig würzen und gut mischen. Das Ganze unter ständigem Rühren 1 Minute anbraten.

4. Reis und Garnelen zugeben und 3 Minuten im Wok braten.

5. Die Eier in eine Schüssel aufschlagen und mit einer Gabel verrühren. Den Reis in der Pfanne an den Rand schieben. Die Eier in die Wokmitte geben und stocken lassen, dabei aber vorsichtig umrühren.

6. Den Koriander hinzufügen und vermengen. Den restlichen Reisessig über den Reis träufeln, auf Tellern anrichten und nochmals mit Koriander garnieren.

■ Statt Langkornreis kann man auch Basmatireis verwenden. Als Gemüse eignen sich ferner frische Bohnensprossen, kleine Brokkoliröschen, Zuckererbsen, Mini-Maiskolben, Pak Choi und Chinakohl.

45

3

4

5

6

- 1 kg Schweineschulter
- 1 TL Salz,
  1 Prise schwarzer Pfeffer
- 2 EL edelsüßes Paprikapulver
- 1 TL getrockneter Majoran
- 1 EL Mehl
- 300 g Zwiebeln
- 3 Knoblauchzehen
- 20 g Petersilienstängel
- 40 g Schweineschmalz
- ½ Zitrone
- ½ TL Kümmel
- 20 g Butter
- 1 EL Tomatenmark
- ½ l Geflügel- oder Rinderfond
- 500 g frische Bandnudeln
- 1 Bund Schnittlauch

1

Schweinegulasch mit Paprika und Butternudeln

1. Die Schweineschulter in 4 cm große Würfel schneiden. Die Sehnen und das Fett am Fleisch belassen, damit das Gulasch schön zart und saftig wird. Die Fleischwürfel in eine Schüssel geben. Mit Salz, Pfeffer, Paprikapulver, Majoran würzen und mit Mehl bestäuben.

2. Mit den Händen alles gut vermengen. Die Zwiebeln schälen, halbieren und in Streifen schneiden. 2 Knoblauchzehen schälen und fein würfeln. Die Petersilienstängel mit Küchengarn zu einem Sträußchen zusammenbinden.

3. Das Schweineschmalz in einem großen Topf erhitzen und zuerst den Knoblauch, dann die Zwiebeln hineingeben. Etwa 10 Minuten glasig anschwitzen. Für die Gewürzbutter 1 geschälte Knoblauchzehe, 1 Stück Zitronenschale und den Kümmel fein hacken und mit der Butter bei Zimmertemperatur vermischen. Danach im Kühlschrank kalt stellen.

4. Das Fleisch in den Topf geben und 10 Minuten langsam anschwitzen, aber nicht braten. Nun das Tomatenmark auf eine freie Stelle im Topf geben und leicht anrösten. Mit dem Fleisch vermischen und weitere 10 Minuten mit Deckel garen.

120

■ Für ein Szegediner Gulasch zum Schluss noch 500 g gekochtes Sauerkraut und 150 g Crème fraîche oder Sauerrahm unter das Gulasch mischen. Als Beilage frisch gekochte Petersilienkartoffeln bzw. Semmel- oder Serviettenknödel reichen.

2

3

4

5

5. Mit dem Fond aufgießen und wieder mit dem Deckel verschließen. Etwa 1 Stunde langsam garen. Gelegentlich umrühren und eventuell etwas Wasser nachgießen. 15 Minuten vor Ende der Garzeit das Petersiliensträußchen zugeben und mitkochen. Zum Schluss das Sträußchen herausnehmen, die kalte Gewürzbutter hineingeben und untermischen.

Auf Tellern anrichten, mit frisch gekochten, in Butter geschwenkten Bandnudeln servieren und mit fein geschnittenen Schnittlauchröllchen bestreuen.

 1,3 kg Lammkeule

 1 Bund Petersilie

 1 Zweig Estragon

 5 Schalotten

 150 g Karotten

 3 Zwiebeln

 1 junger Kohl

 2 Knoblauchzehen

 300 g Kartoffeln

 2 EL Pflanzenöl

 1 TL Salz,
1 Prise schwarzer Pfeffer

 ½ TL Tomatenmark

 1 Lorbeerblatt

 1,2 l Rinderbrühe

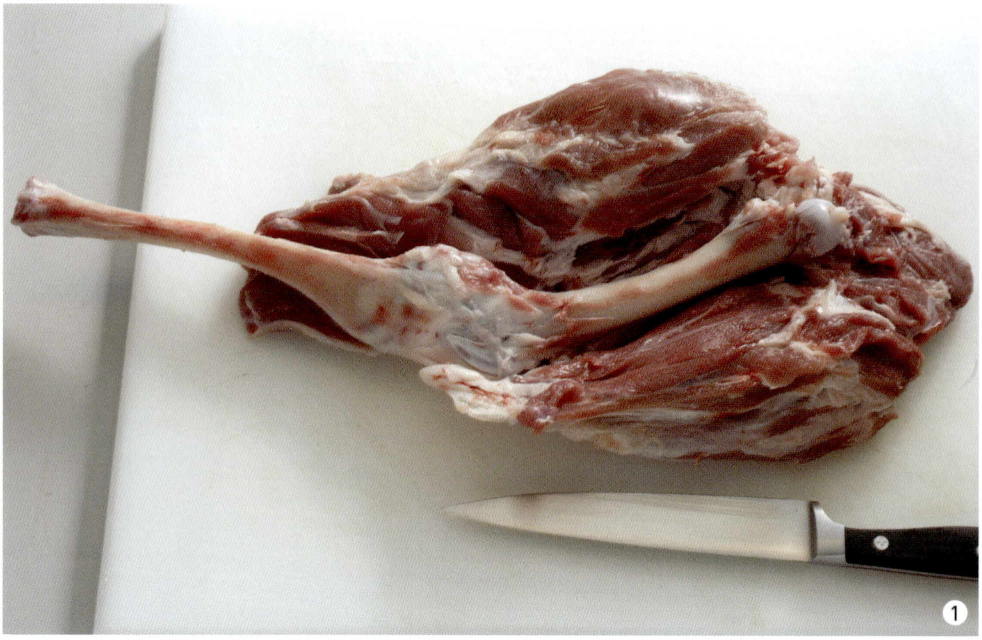

1

Irish Stew mit jungem Kohl und Karotten

1. Die Lammkeule entlang des Knochens einschneiden und diesen mit der Messerspitze vorsichtig vom Fleisch lösen. Das Fett der Hautseite und Knorpel entfernen. Das Fleisch in 3 cm große Stücke schneiden. Die Petersilie und den Estragon waschen, zupfen und beiseitestellen. Sie werden erst kurz vor der Zugabe zum Gericht gehackt, um ihren Geschmack und die ätherischen Öle zu erhalten.

2. Die Schalotten schälen und halbieren. Die Karotten schälen und schräg in 1 cm breite Scheiben schneiden. Die Zwiebeln schälen, halbieren und in Streifen schneiden. Den jungen Kohl von den äußeren Blättern befreien, halbieren, den Strunk herausschneiden und den Kopf waschen. In 3 x 3 cm große Stücke schneiden. Die Knoblauchzehen schälen und fein würfeln. Die Kartoffeln schälen und in 3 cm große Würfel schneiden.

3. Das Öl in einem Topf erhitzen. Zuerst den Knoblauch, dann die Zwiebelstreifen zugeben und glasig dünsten. Die Fleischwürfel salzen und pfeffern und in den Topf geben. Weitere 10 Minuten leicht anschwitzen. Das Fleisch an den Topfrand schieben und das Tomatenmark auf der freien Stelle erst etwas rösten, dann mit dem Fleisch vermengen. Das Lorbeerblatt hinzufügen.

120

■ Statt Keule kann auch Lammschulter verwendet werden, die jedoch 15 Minuten länger kochen muss, da sie durchwachsener ist. Mit Schweine- oder Rinderschulter zubereitet entsteht eine deutsche Spezialität namens Pichelsteiner Eintopf. Das Gemüse kann nach Belieben ergänzt oder ersetzt werden. Grüne Bohnen, Stangensellerie, Wirsing oder Petersilienwurzeln schmecken ebenso köstlich in diesem Eintopf.

4. Nun das Fleisch mit der Brühe aufgießen. Ersatzweise Wasser verwenden, aber das Fleisch dann stärker würzen. Aufkochen und mit Deckel 15 Minuten köcheln.

5. Karotten, Schalotten und Kartoffeln hinzufügen und weitere 10 Minuten mit Deckel köcheln lassen. Nun den Kohl zugeben, alles vermischen und weitere 20 Minuten köcheln. Durch die zeitversetzte Zugabe der Zutaten werden sie alle gleichzeitig gar, ohne zu verkochen. Zum Schluss Petersilie und Estragon fein hacken und unter den Eintopf mischen. In tiefen Tellern servieren.

500 g Schweinehackfleisch

2 EL Austernsauce

1 Dose Kokosmilch à 400 g

1 TL rote Currypaste

300 g Maiskörner aus der Dose

2 EL Mandelblättchen

1

2

Hackfleischbällchen in Kokos-Curry-Sauce

1. Das Hackfleisch mit der Austernsauce vermischen und zu kleinen Bällchen formen. In eine flache Auflaufform geben. Die Kokosmilch in ein hohes Gefäß füllen und die Dose gut auskratzen.

2. Die Currypaste in die Kokosmilch geben.

3. Die Kokosmilch mit einem Stabmixer kurz durchrühren, bis die Currypaste aufgelöst ist.

4. Die Sauce über die Schweinefleischbällchen gießen. Die Maiskörner im Sieb abtropfen lassen und darüber verteilen. Zum Schluss mit den Mandelblättchen bestreuen. In einem auf 180 °C vorgeheizten Backofen etwa 25 Minuten backen. Möglicherweise mit etwas Alufolie abdecken, damit die Mandelblättchen nicht verbrennen.

In Schalen anrichten.

■ Anstelle der roten Currypaste kann auch die mildere gelbe Currypaste verwendet werden. Zur Sauce dann noch ein paar kleine Erbsen zugeben.

45

3

4

 10 kleine scharfe Lammwürste (Merguez)

 2 EL Pflanzenöl

 1 Knoblauchzehe

 2 Zwiebeln

 2 Zweige Rosmarin

 2 Lorbeerblätter

 300 g weiße Bohnen

 1 TL Tomatenmark

 400 g geschälte Tomaten aus der Dose

 1 Prise Salz,
1 Prise schwarzer Pfeffer

Bohnen-Tomaten-Eintopf mit scharfen Lammwürstchen

1. Die Lammwürstchen in einem Topf in Pflanzenöl von allen Seiten anbraten und den in Scheiben geschnittenen Knoblauch dazugeben.

2. Nachdem der Knoblauch angeröstet ist, die Würstchen herausnehmen und beiseitestellen. Die geschälten Zwiebeln halbieren, in Streifen schneiden und im Topf zusammen mit Rosmarin und Lorbeer glasig anschwitzen. Im Topf etwas beiseiteschieben.

3. Die über Nacht in Wasser eingeweichten Bohnen in einem Sieb gut abtropfen lassen und in den Topf geben.

4. Das Tomatenmark und die Dosentomaten mit dem Saft hinzufügen und die Tomaten mit dem Kochlöffel zerdrücken. Mit Salz und schwarzem Pfeffer würzen.

5. Die Bohnen mit kaltem Wasser aufgießen, sodass sie gut bedeckt sind. Die Lammwürstchen zugeben und zugedeckt 1 Stunde sanft köcheln. Öfter umrühren und gelegentlich mit Wasser aufgießen, damit die Bohnen immer leicht bedeckt sind und gut garen können.

In Teller füllen und die Lammwürstchen auf dem Bohneneintopf anrichten.

+ 12 Stunden Einweichzeit

*** 75

■ 2 angebratene Entenkeulen, 1 Stück Bauchspeck und einige Lammstücke mit den Bohnen schmoren, und fertig ist ein wunderbares Cassoulet!

2

3

4

5

- 1 kg Lammfleisch von der Schulter
- 1 Prise Salz,
  1 Prise schwarzer Pfeffer
- 5 Knoblauchzehen
- 350 g Zwiebeln
- 50 ml Pflanzenöl
- 2 Zimtstangen
- 6 Sternanise
- ½ TL Currypulver
- 1 TL gemahlener Kreuzkümmel
- 2 EL Tomatenmark
- 600 g geschälte Tomaten
  aus der Dose
- 250 g Basmatireis
- 1 Msp. Safranfäden

Biryani-Reis mit Lammfleisch

1. Das Lammfleisch in 3 x 3 cm große Würfel schneiden, salzen und pfeffern. Den Knoblauch schälen und in feine Scheiben schneiden. Die Zwiebeln schälen und halbieren und in Streifen schneiden. Das Pflanzenöl in einem breiten Topf erhitzen. Knoblauch, Zimtstangen, Sternanise und Zwiebeln hinzugeben und 5 Minuten glasig anschwitzen. Mit Salz würzen.

2. Das Lammfleisch hinzugeben, anbraten und mit Currypulver und gemahlenem Kreuzkümmel bestäuben. 10 Minuten langsam weitergaren, dabei darauf achten, dass die Gewürze nicht zu stark anbraten – sie werden sonst bitter.

3. Nach 5 Minuten das Fleisch zur Seite schieben, das Tomatenmark in den Topf geben und kurz anbraten. Dann die geschälten Tomaten mit dem Saft hinzugeben, aufkochen und etwa 40 Minuten bei mittlerer Hitze mit Deckel garen lassen. Den Basmatireis nach Packungsangabe garen.

4. Mit einer Gabel prüfen, ob das Lammfleisch gar ist. Nun die Zimtstangen und den Sternanis aus dem Lammragout entfernen und aufbewahren, um den fertigen Teller zu dekorieren.

5. Die Safranfäden in 50 ml Wasser einweichen und um die Hälfte einkochen. Den Reis über das fertige Lammragout verteilen, den in Wasser eingeweichten Safran darüberträufeln und bei geschlossenem Deckel 5 Minuten erhitzen.

100

■ Mit frisch gehackter Minze bestreuen und mit Rahmjoghurt servieren. In indischen Restaurants wird dieses Gericht noch mit einigen Stücken Blattgold belegt.

3

4

5

- 2 Köpfe Romanesco
- 3 Schalotten
- 2 Tomaten
- 1 Bund Stachelkoriander
- 1 Stück Ingwer
- 400 g Rinderlende
- 4 EL Austernsauce
- 4 EL Erdnussöl
- 1 Knoblauchzehe
- 1 Prise Zucker
- 1 Limette

Vietnamesisches Rindergeschnetzeltes mit Ingwer

1. Den Romanesco waschen und samt Strunk in Röschen teilen. Die Schalotten schälen und der Länge nach in Streifen schneiden. Die Tomaten vierteln, entkernen und jedes Viertel noch zweimal durchschneiden. Den Stachelkoriander waschen und grob hacken. Den Ingwer schälen und in dünne Scheiben schneiden. Die Rinderlende von Fett und Sehnen befreien und das schiere Fleisch in 2 cm breite und 3 cm lange Scheiben schneiden. Mit der Austernsauce in eine Schale geben und 10 Minuten marinieren.

2. Die Romanescoröschen mit der Hälfte des Öls in einer beschichteten Wokpfanne etwa 3 Minuten langsam braten. Danach das restliche Öl von der Seite zugießen.

3. Die Knoblauchzehe schälen und fein würfeln. Ins Öl geben und kurz anbraten. Nun die marinierten Rinderstreifen zugeben und etwa 1 Minute unter Rühren und Schwenken scharf anbraten.

4. Schalottenstreifen, Ingwer und Tomatenstücke zufügen und durchschwenken. Nur kurz anbraten, damit das Gemüse knackig bleibt.

5. Zum Schluss gehackten Stachelkoriander, Zucker und Saft der Limette zugeben.

Nur noch einmal durchmischen und servieren.

*** 30

■ **Dem Gericht können auch gekochte Glasnudeln oder breite Reisnudeln beigemischt werden. Für dieses Rezept etwa 200 g gekochte Nudeln verwenden.**

2

3

4

5

 2 Lammrücken à 1–1,2 kg

 1 Prise Salz,
1 Prise schwarzer Pfeffer

 3 EL Olivenöl

 6 Knoblauchzehen

 2 Zweige Rosmarin

 30 g Butter

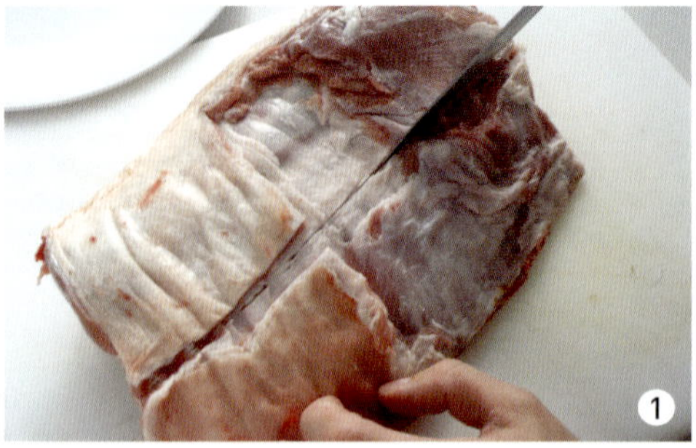

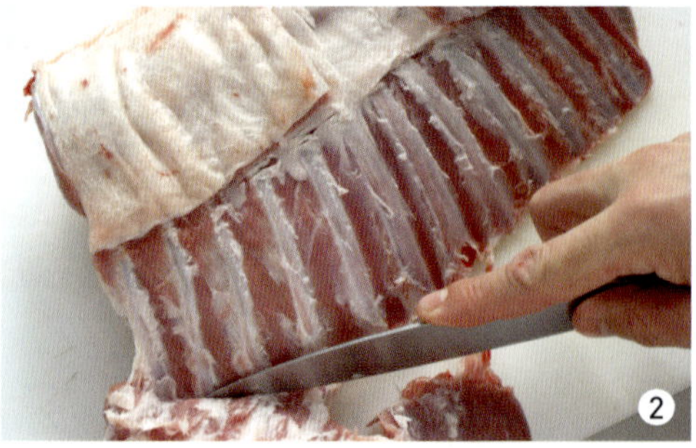

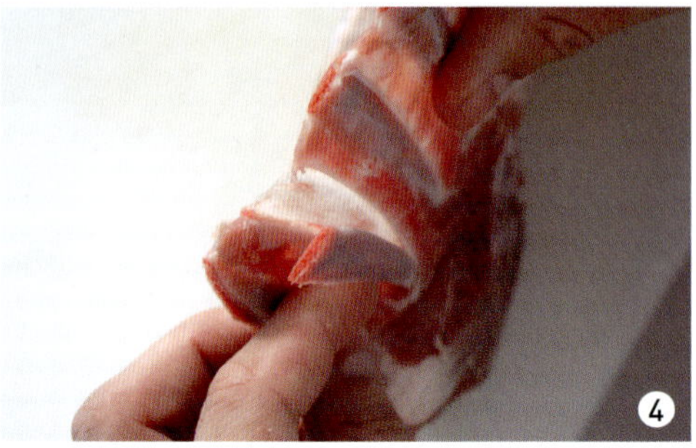

Lammkarree mit Rosmarin

1. Statt Lammrücken können auch bereits fertig ausgelöste Lammkarrees verwendet werden, bei denen allerdings die Rippenknochen immer noch nachgeputzt werden müssen. Die Lammrücken auf ein Schneidebrett geben und die Haut unter dem Rückenfilet mit einem Messer 1 cm einschneiden.

2. Die Haut und das Fleisch von den Rippen schneiden.

3. Die Häutchen mit dem Messer vom Knochen schaben, so lässt sich die Haut besser abziehen.

4. Die Haut um den Knochen mit den Fingern vorsichtig so weit ablösen, bis der Knochen freigelegt und sauber ist.

5. Danach umdrehen und diesen Teil der Haut abschneiden.

6. Entlang des Rückenknochens einschneiden. Die weiße Sehne vorsichtig entfernen. Dann am Rücken bis zu den Rippenknochen weiterschneiden.

7. Wieder umdrehen und das Lammkarree mit einer scharfen Küchenschere vom Rückenknochen abtrennen.

8. Das ausgelöste Lammkarree von kleinen Sehnen und Knochen befreien und von beiden Seiten salzen und pfeffern.

9. Das Öl in einer breiten Pfanne erhitzen und das Lammkarree mit der Oberseite nach unten in die Pfanne legen. Die

60

■ Das Lammkarree kann auch mit einer Pekannuss-Zitronen-Marinade nachgebraten werden. Dafür Pekannüsse grob hacken, 2 Stück Zitronenschale in feine Streifen schneiden und mit den Nadeln 1 Rosmarinzweigs sowie 2 EL Olivenöl und 1 TL grobem Senf vermischen. Die letzten 5 Minuten damit nachbraten. Als Beilage eignen sich Kartoffelgratin und grüne Bohnen.

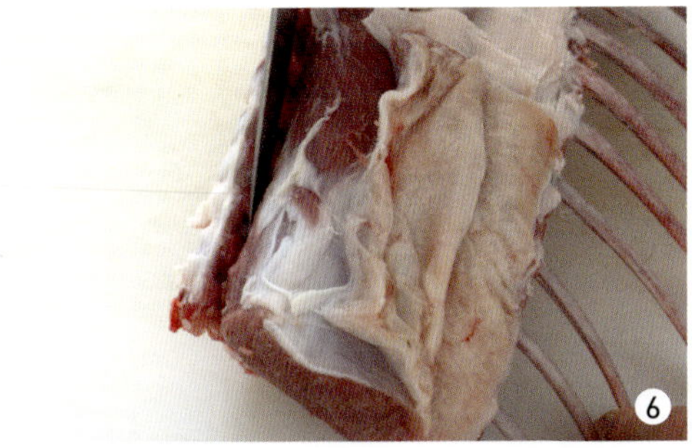

in der Schale angedrückten Knoblauchzehen und die Rosmarinzweige daraufgeben. Mit dem Bratensaft begießen und nach 5 Minuten wenden.

10. Danach den Rosmarin wieder auf das Lammkarree legen, damit er in der Pfanne nicht verbrennt, und die Butter dazugeben. Das Karree im vorgeheizten Ofen bei 180 °C etwa 10 Minuten braten und immer wieder mit dem Bratensaft begießen. Dann aus dem Ofen nehmen und mit Alufolie abgedeckt etwa 3 Minuten ruhen lassen.

Zum Schluss aufschneiden und servieren.

150 g Zwiebeln

400 g Rindfleisch von der Keule

4 EL Pflanzenöl

1 getrocknete Paprika

1 Prise Salz,
1 Prise schwarzer Pfeffer

3 EL edelsüßes Paprikapulver

1 EL Tomatenmark

300 g Langkornreis

150 g Maiskörner

1

2

Ungarisches Paprikafleisch mit Mais

1. Die Zwiebeln schälen und halbieren und in dünne Streifen schneiden. Das Fleisch zuerst in Scheiben, dann in Streifen schneiden. Das Pflanzenöl in einem Topf bei mittlerer Hitze erhitzen, die Zwiebeln hinzufügen und glasig anschwitzen. Die Paprika im Ganzen dazugeben.

2. Das Fleisch hinzugeben, salzen und pfeffern, mit dem Paprikapulver bestreuen und leicht anrösten. Danach im Topf beiseiteschieben, das Tomatenmark dazugeben und ebenfalls leicht rösten, damit es seine Säure verliert.

3. Den Langkornreis ungekocht hinzugeben, gut vermischen und leicht anschwitzen.

4. Die Maiskörner in einem Sieb abtropfen lassen und zum Reis geben. Mit Wasser auffüllen, aufkochen und etwa 25 Minuten bei mittlerer Hitze mit Deckel garen lassen. Dabei zwischendurch umrühren und gegebenenfalls etwas Flüssigkeit nachgießen.

5. Das Gericht ist fertig, sobald die Flüssigkeit vollständig vom Reis aufgenommen wurde.

Auf Tellern anrichten und mit Paprikapulver bestreuen.

***50**

■ Als Wasserersatz eignet sich auch Rinderbrühe, mit der das Gericht noch geschmackvoller wird. Ferner können in Streifen geschnittene rote und gelbe Paprika hinzugefügt werden.

- 5 Wacholderbeeren
- 5 weiße Pfefferkörner
- 2 Zwiebeln
- 160 g Karotten
- 160 g Porree
- 160 g Stangensellerie
- 1 EL grobes Meersalz
- 1 kg Tafelspitz oder Suppenfleisch
- 2 Nelken
- 1 Lorbeerblatt
- 3 Zweige Petersilie
- ½ Bund Schnittlauch

Tafelspitz mit Wurzelgemüse und Kräutern

1. Die Wacholderbeeren und die Pfefferkörner mit dem Messerrücken leicht zerdrücken.

2. Die Zwiebeln mit der Schale halbieren. Vorher aber den Wurzelansatz abschneiden. Das Wurzelgemüse waschen und putzen. Die Karotten schälen und halbieren, den Porree und den Stangensellerie je nach Größe in 2 oder 3 Stücke schneiden.

3. Gesalzenes Wasser in einem großen Topf zum Kochen bringen und das Rindfleisch 1 Stunde köcheln.

4. Nach 1 Stunde das geschnittene Wurzelgemüse und die Gewürze zugeben und alles 1 weitere Stunde kochen.

5. Zum Schluss mit Salz und Pfeffer abschmecken.

Zum Servieren das Gemüse in mundgerechte Stücke schneiden und auf einer Platte mit dem Rindfleisch anrichten. Mit gezupfter Petersilie und Schnittlauchstreifen bestreuen.

120

■ Mit Petersilienkartoffeln, Bratkartoffeln oder Rahmspinat servieren. Meerrettichsauce schmeckt köstlich dazu.

2
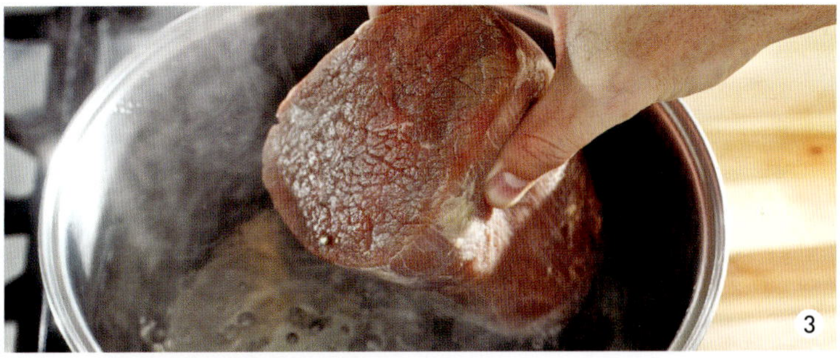
3

4

5

 100 g Butter

 1 Ei und 1 Eigelb

 1 TL gehackte Petersilie

 1 Prise Salz

 1 Prise Muskatnuss

 60 g Instantmehl

 1 EL Mehl Type 405

 2 l Hühnerbrühe

Hühnersuppe mit Butterklößchen und Muskat

1. Die Butter bei Zimmertemperatur schaumig aufschlagen. Danach Ei und Eigelb, Petersilie, Salz und geriebene Muskatnuss zugeben. Verrühren, bis sich alle Zutaten verbunden haben.

2. Nun mit einem Teigschaber das Instantmehl einarbeiten und 10 Minuten ruhen lassen.

3. Mit zwei Kaffeelöffeln Klößchen formen, indem man die Löffel gegeneinanderzieht.

4. Die Klößchen auf ein bemehltes Brett geben und 30 Minuten im Kühlschrank ruhen lassen.

5. Die Hühnerbrühe aufkochen, die Klößchen hineingeben. Sanft weiterkochen, bis die Klößchen aufschwimmen. Danach bei geschlossenem Deckel 25 Minuten ziehen lassen.

In Suppentassen oder Schalen anrichten und mit Muskat bestreuen.

90

■ **Als Einlage können fein geschnittene, in Salzwasser abgekochte Wurzelgemüsestreifen und etwas Hühnerfleisch beigegeben werden.**

2

3

4

5

 300 g asiatische Eiernudeln

 5 EL Pflanzenöl

 6 getrocknete Chillies

 2 Karotten

 200 g Brokkoli

 2 Hähnchenbrustfilets

 2 EL schwarze Bohnenpaste

 100 g Bohnensprossen

1

2

Shanghai-Nudeln mit Hähnchenfleisch

1. Die Eiernudeln kochen. In einem Wok das Pflanzenöl erhitzen und die getrockneten Chillies darin anrösten. Dadurch wird den Chillies einiges an Schärfe genommen.

2. Die geschälten Karotten der Länge nach halbieren und schräg in Streifen schneiden. Den Brokkoli in Röschen schneiden. Karotten und Brokkoliröschen in den Wok geben und 3 Minuten pfannenrühren. Dabei öfter wenden.

3. Nun die Hähnchenbrustfilets in dünne Streifen schneiden. Zufügen, mit der Bohnenpaste vermengen und weiterrühren.

4. Zum Schluss die gekochten Eiernudeln und die Bohnensprossen in den Wok geben, unterrühren und weiterbraten.

Auf Teller verteilen und sofort servieren.

*** 35

■ **Als Gemüse passen auch grüner Spargel, Paprika, Zuckererbsen oder Chinakohl zu diesem Gericht.**

- 4 Entenbrustfilets (à 200 g)
- 2 Orangen
- 1 Prise Salz,
  1 Prise Pfeffer
- 2 EL Pflanzenöl
- 10 cl Cointreau
- 200 ml Orangensaft
- 2 EL grüne Pfefferkörner in Lake

Gebratene Entenbrust auf Orangen-Pfeffer-Sauce

1. Die Entenbrüste mit der Hautseite nach oben auf ein Schneidebrett legen und die überstehenden Hautstücke abschneiden. Mit einem scharfen Messer die Haut kreuzweise einschneiden.

2. Die Orangen unter heißem Wasser gut waschen und trocknen. Die Schale auf einer Reibe fein abreiben. Die Orangen mit dem Messer großzügig von der weißen Haut befreien. Danach in Scheiben schneiden.

3. Die Entenbrüste von beiden Seiten salzen und pfeffern. In einer Pfanne etwas Öl erhitzen und die Entenbrüste mit der Haut nach unten in die Pfanne geben.

4. Die Entenbrüste bei mittlerer Hitze etwa 10 Minuten braten. Dabei immer wieder mit dem aus der Haut austretenden Öl begießen und weiter auf der Hautseite braten — so wird die Haut schön kross.

5. Die Entenbrüste mit der Hautseite nach oben auf einen Teller geben und ruhen lassen. Das Fett abgießen, die Orangenschale in die Pfanne geben und den Bratensatz mit Cointreau ablöschen. Mit Orangensaft aufgießen. Die Pfefferkörner und die Orangenscheiben darin erwärmen.

Zusammen mit den Entenbrüsten auf Tellern anrichten.

35

■ **Die Sehnen auf der Innenseite vorsichtig mit einem Messer dünn abtrennen. Sie werden bei der kurzen Garzeit nicht weich.**

2

3

4

5

 1 ganze Ente

 3 Schalotten

 1 kleiner Apfel

 1 Prise Salz,
1 Prise schwarzer Pfeffer

 1 Knoblauchzehe

 ½ Bund frischer Majoran

 ¼ l Wasser

Gebratene Ente mit Äpfeln

1. Die Ente beim Metzger küchenfertig vorbereiten lassen und Hals, Flügel und Innereien separat einpacken lassen. Die Schalotten schälen und halbieren. Den Apfel vierteln, vom Kerngehäuse befreien und noch einmal halbieren. Die Ente von innen säubern und mit einem Küchenpapier ausreiben. Salzen und pfeffern. Die Ente mit den Schalotten, der ganzen Knoblauchzehe, den Apfelstücken und einem Majoranzweig füllen.

2. Die Öffnung mit Zahnstochern schließen, mit Küchengarn zuschnüren und die Zahnstocher von beiden Seiten mit einer Schere abschneiden. So kann die Füllung nicht herausquellen und der Geschmack verbleibt in der Ente. Eventuell vorhandene Federkiele mit einer kleinen Zange aus der Haut ziehen.

3. Die Ente außen salzen und pfeffern und die Gewürze gut in die Haut einreiben.

4. Die Ente in eine passende Form legen und das Entenklein außen herumlegen. Mit der Hälfte des Wassers angießen und die Form in den auf 180 °C vorgeheizten Backofen bei Umluft auf die unterste Schiene stellen.

*** 140

■ **Kartoffelrösti, Rosenkohl, Rotkohl oder Sauerkraut zur Ente servieren. Den Bratensaft durch ein feines Sieb passieren und als Sauce reichen. Da sie sehr konzentriert ist, reicht ein Beträufeln der Beilagen aus.**

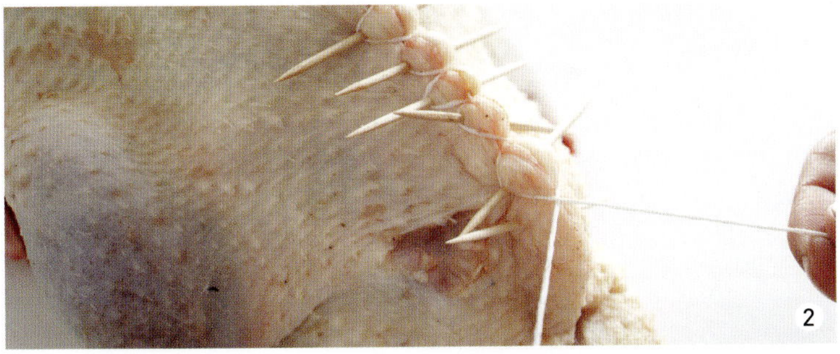

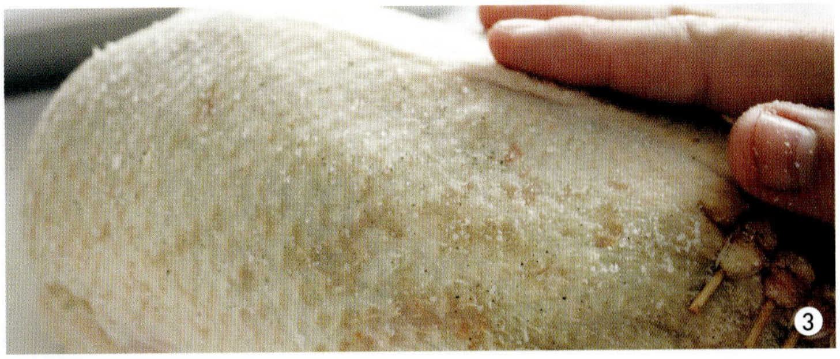

5. Die Ente mit dem eigenen Bratensaft übergießen. Nach etwa 45 Minuten das restliche Wasser zugießen und die Ente weitere 45 Minuten braten lassen. Sobald der Braten fertig ist, das Küchengarn mit einem Messer lösen und die Zahnstocher entfernen.

Die Ente auf eine große Servierplatte geben und mit einigen Majoranzweigen dekorieren.

- 500 g Wachtelbohnen
- 80 g Karotten
- 80 g Knollensellerie
- 2 Knoblauchzehen
- 80 g Zwiebeln
- 2 EL Olivenöl
- 4 Zweige Rosmarin
- 3 Lorbeerblätter
- 1 TL Fenchelsamen
- 1 EL Tomatenmark
- 200 ml Weißwein
- 1 Prise Salz,
  1 Prise schwarzer Pfeffer
- 1 l Hühnerbrühe
- 2 Entenbrustfilets

Bohnen-Ragout mit gebratener Entenbrust

1. Die Bohnen mindestens 2 Stunden, idealerweise über Nacht, einweichen. Karotten und Sellerie schälen und in ½ cm große Würfel schneiden. Die Knoblauchzehen in der Schale andrücken, die Zwiebeln schälen und ebenfalls in Würfel schneiden. 2 EL Olivenöl in einem flachen Topf erhitzen, Zwiebeln, Karotten und Sellerie dazugeben und 10 Minuten langsam anschwitzen.

2. Rosmarinzweige, Lorbeerblätter, gehackten Fenchelsamen und angedrückte Knoblauchzehen dazugeben und leicht anrösten.

3. Das Gemüse auf eine Seite des Topfes schieben. Das Tomatenmark auf die freie Stelle geben und anrösten, damit es an Säure verliert. Mit Weißwein ablöschen und die Flüssigkeit verkochen lassen. Die Bohnen zum Abtropfen in ein Sieb geben.

4. Nun die Bohnen hinzufügen und weitere 2 Minuten anrösten. Salzen und pfeffern, mit Hühnerbrühe aufgießen und 50 Minuten langsam köcheln lassen. Dabei gelegentlich umrühren, damit die Bohnen nicht am Topfboden anbraten. Beim Umrühren ist Vorsicht geboten, um die Bohnen nicht zu zerdrücken. Gegebenenfalls Wasser nachgießen. Die Entenbrustfilets wie auf Seite 54 beschrieben zubereiten.

+ 2 Stunden Einweichzeit

80

■ **Fenchelsamen lassen sich leichter hacken, wenn man sie zuvor mit Öl beträufelt – dann springen sie nicht weg. Das Bohnen-Ragout passt ebenfalls gut zu Bratwürsten oder gefüllten Schweinefüßen.**

2

3

4

 4 Tauben

 4 Weißbrotscheiben

 1 Schalotte

 ½ Bund Petersilie

 100 g Butter

 2 Eier

 1 Prise Salz,
1 Prise schwarzer Pfeffer

 1 Prise frisch geriebene Muskatnuss

 8 Scheiben geräucherter Bauchspeck

 4 Knoblauchzehen

 10 Wacholderbeeren

 2 EL Pflanzenöl

 4 Zweige Rosmarin

Gefüllte Tauben im Speckmantel

1. Die Tauben vom Metzger küchenfertig vorbereiten und die Herzen und Lebern separat mitgeben lassen. Die Lebern und Herzen in feine Würfel schneiden. Die Weißbrotrinde entfernen und das Brot in ½ cm große Würfel schneiden. Die Schalotte schälen und fein würfeln. Die Petersilie waschen, zupfen und fein hacken. Die Butter bei Zimmertemperatur in einer Schüssel schaumig rühren. Die Eier trennen und das Eigelb nacheinander hinzugeben. Alles salzen, pfeffern, mit Muskatnuss würzen und mit einem Schneebesen vermengen. Nun auch die Schalotten und Petersilie zugeben.

2. Die Leber-, Herz- und Weißbrotwürfel hinzugeben und vorsichtig untermischen.

3. Die Tauben innen mit Küchenpapier ausreiben und von Häuten und Blutresten befreien. Innen und außen salzen, pfeffern und mit der Masse füllen.

4. Die Tauben jeweils mit 2 Scheiben Speck umwickeln und mit dem Küchengarn verschnüren. Den Knoblauch in der Schale ebenso mit der flachen Seite eines Messers andrücken wie die Wacholderbeeren.

5. Das Öl in einer Pfanne erhitzen und die Tauben mit Rosmarin, Wacholderbeeren und Knoblauch hineingeben. Zuerst auf der Keulenseite anbraten, dann auf dem Rücken. Im auf 210 °C vorgeheizten Backofen bei Umluft 25 Minuten garen lassen und immer wieder mit dem Bratensatz begießen.

Herausnehmen, das Küchengarn entfernen und die Tauben mit einem scharfen Messer der Länge nach halbieren. Auf Teller geben und servieren.

90

■ **Überschüssige Füllung in einer Soufléform im Backofen bei 200 °C etwa 15 Minuten backen. Die Souffléform zuvor mit Butter ausstreichen, damit sich der Inhalt später gut stürzen lässt. Als Beilage zur Taube passen Kürbisgratin oder Schwarzwurzelgemüse.**

2

3

4

5

- 1 Knoblauchknolle
- 1 Zitrone
- 1 Bund Petersilie
- 4 Stubenküken (ca. 350 g)
- 1 TL Salz,
  1 Prise schwarzer Pfeffer
- 300 g kleine Zwiebeln
- 60 g Butter

1

Stubenküken mit Zitrone und Knoblauch

1. Die Knoblauchknolle mit dem Strunk nach oben auf eine Arbeitsfläche legen und mit dem Handballen andrücken, um die Zehen zu lösen. Die äußeren Schalen entfernen und die Zehen in der restlichen Schale andrücken. Die Zitrone heiß abwaschen und in ½ cm dünne Scheiben schneiden. Die Petersilie waschen. Die Stubenküken ausnehmen, säubern und innen mit Küchenpapier trocken tupfen.

2. Nun die Stubenküken innen und außen gut salzen und pfeffern. Mit den angedrückten Knoblauchzehen und der Petersilie füllen. Einige Zweige zum Garnieren aufheben.

3. Die gefüllten Stubenküken in eine ofenfeste Form geben. Die kleinen Zwiebeln waschen, die lösbare Schale entfernen und den Strunkansatz abschneiden. Dann die Zwiebeln um die Stubenküken herumlegen. Die Butter auf dem Fleisch verteilen.

4. Im auf 180 °C vorgeheizten Backofen 25 Minuten braten. Mit den Zitronenscheiben belegen. 100 ml Wasser zugießen, mit dem Bratensatz übergießen und weitere 15 Minuten braten.

Herausnehmen, die restliche Petersilie in die Stubenküken stecken und mit den Zwiebeln und dem Bratensaft servieren.

80

■ Die restlichen Federkiele abzupfen oder mit einer Fischgrätenzange herausziehen, ohne jedoch die Haut zu verletzen. Das Brustfleisch würde sonst an der Stelle austrocknen. Die Stubenküken, die auch kalt schmecken, mit einer beliebigen Kartoffelbeilage reichen.

2

3

4

Register